Poetika Dizisi

DÖRT DİLDEN ŞİİR

Nedjret Nedjo Osman, Marion Mentzel, Ali Erenler ve A. Kadir Konuk Almanya'nın Köln kentinde yaşayan dört ozan... Dört farklı dilde şiir yazıyorlar, bunun yanısıra radyoculuktan gazeteciliğe, eğitmenlikten tiyatroculuğa uzanan farklı alanlarda, kimi zaman ortak, kimi zaman ayrı ayrı çalışmalar yapıyorlar.

Romenesk yani Çingene dilinde, belki de ilk kez bir kitap yayınlanıyor ülkemizde. Acıyla dolu bir ülkeden parçalanmış Yugoslavya'dan, Bosna'dan şiirin tadını bizlere taşıyor Nedjo Osman... Marion, Almanya'dan Ege kıyılarına damıtılmış bir şiirin tadını getiriyor, Alman dilinin ses tınısı ile. Ali Erenler ile Munzur'un, Dersim dağlarının kendi öz sesini duyuyoruz, Zazakinin lirik sesini yakalıyoruz. Ve A. Kadir Konuk ile, onun ironik şiiri ile, Türkçenin ses oyunlarını...

"Şiir başka dile çevrilmez" derler. Bir yerde haklı bir söz. Ama çevirmenler ozan olunca, sözkonusu olan bir çeviri değil, başka bir şiirin söylenmesidir çok kez. Biz, çok dilliliğin ses zenginliğini yansıtmaya çalıştık bu ortak kitap ile. Her dilin kendi sesi olsun istedik, çeviriler yanında... Galiba da iyi yaptık.

BELGE YAYINLARI
Poetika Şiir Dizisi

PATRİN
Dört Dilden Şiir

©Belge Uluslararası Yayıncılık, 1999

Dizgi / Mizampaj
Songül Grafik

Kapak Düzeni
Adım Grafik

Montaj
Adım Grafik

İç / Kapak Baskı
Güler Ofset

Cilt
Güven Mücellithanesi

Birinci Baskı
Temmuz 1999

belge
yayınları

BELGE ULUSLARARASI YAYINCILIK
Divanyolu Caddesi Binbirdirek İşhanı No: 15 / 1
Sultanahmet / İstanbul
Tel / Faks: (0212) 517 44 53 / 638 34 58

Dört Dilden Şiir

PATRİN

Nedjret Nedjo Osman
Marion Mentzel
Ali Erenler
A. Kadir Konuk

Für die gute Zusammenarbeit mit Fr. Blass.

[imza]

Poetika Dizisi

IÇINDEKILER

Nedjret Nedjo Osman

N. *Nedjo Osman si ko 06.01.1958 god ko Skopje/Macedonia, gji purani Jugoslavia biando. Diploma keras ki Kusstakademia basi Film-hem Theataro ko Novi Sad ko presunde Performances upral 40 bare karakteria sar Moderna hem Klasika. Avgo 1982 sine ko "Theatar Prhalipe" taro 1986 sine ko Nacinal Theatar gji Subotica (purani Jugoslavija). Taro 1991 e Roma Theatar "Prhalipe" kelel hem djivdisarel gju Germanija, ko presundo Theatro Mülheim an der Ruhr.*

Taro 1995 bers kerel buti sar Regiseri, Aktori hem Poeto ko Köln.

Nedjo Osman sar Aktori majbare karakterenge dobingja galbane Pocin ko bare Theatarofestivalija. O Osman kelgjas bute tanende ko sumnal tari Athina dji ko Mexico City. Vov ki Germanija kelel ko bare Nacionalna Theatrija Köln, Dusseldorf, Saarbrücken, Frankfurt.

Nedjo Osman kelas ko but filmora ki purani Jugoslavija hem ki Germanija. Taro 1993 ber buti kerel o Nedjo Osman sar Regisseri ko javer gadjikane theatrija Taro 1996 her.

O Nedjo Osman hem i Nada Kokotovic si direktorija ko TKO-Romano Theatro ko Köln.

Nedjo Osman 6 Ocak 1958 `de Makedonya, Skopje `de (eski Yugoslavya`da) doğdu. Lisans Diplomasını ünlü oyuncu ve Profesör Rade Serbedzija` nın yanında, Novi Sad şehrinde sinema ve tiyatro sanat akademisinde tamamladı. Klasikten moderne 30`u aşkın tiyatro oyununda başrol oynadı ve bir çok gösteri ile yetenekli bir dansçı olduğunu kanıtladı. 1982`de eski Yugoslavya`da " Pralipe" Tiyatrosu`na girdi, 1986`dan 1991`e kadar Subotica`da " National Theater"de ( Ulusal Tiyatro) çalıştı. 1991`den sonra Theater Mülheim an der Ruhr`un bir kolu olan " Pralipe " Tiyatrosu`na (Oyunlar: Das Groşe Wasser, Sieben gegen Theben, Romeo und Julia) katıldı. Nedjo Osman 1995 yılından beri serbest oyuncu, yönetmen ve Şair olarak Köln`de çalışmalarına devam ediyor.

Nedjo Osman oyuncu olarak bir çok ödül aldı. Bunlardan bir kaçı: 1988`de Vojvodina Tiyatro Festivali`nde Novi Sad`da " Anita Berber" oyunundaki başrol için birincilik ödülü, 1991`de Saraybosna`da Jugoslavya Tiyatro Festivali`nde Lorca`nın " Bluthochzeit" (Kanlı Düğün) oyunundaki Leonardo rolü için birincilik ödülü.

" Pralipe" ve Subotica tiyatrolar"yla birlikte Atina`dan Mexiko City`e kadar sayısız tiyatro festivalleri ve turnelerine katıldı. Köln Operası`nda "Dans Forum`u Projesi`nde ", "Goya"yı oynadı (Aral"k 1995). 1996`da del Valle- Inclan`ın " Düsseldorfer Schauspielhaus" tiyatrosunda Werner Schroeter yönetiminde " Worte Gottes" ( Tanrının Sözleri) göterimi ve 1998`de Saarland Devlet Tiyatrosu ile Saarbrücken`de Nada Kokotovic yönetiminde "Lysistrate" gösteriminde oynadı.

Nedjo Osman eski Yugoslavya ve Almanya`da bir çok televizyon ve sinema filminde oynadı, bunlardan bazıları: 1992`de Iva Schvarzova`nın "Tod" ( ölüm) ve 1993`de Peter Brikmann`ın bir filmi.

1993 yılından beri yönetmenlik de yapıyor. 1995'te Unna'da "Werkstatt" Tiyatrosu'nda Şekspir'den uyarlama "Das Stück fällt aus" ve " Der Widerspenstigen Zähmung" (1996) oyunlarını yönetti. 1997'de Lorca'dan uyarlanan " Yerma-Nach dem Tod" oyununu TKO- Romano Theatro'da ve " Ein Tag, eine Frau, ein Mann" Bir gün, bir kadın, bir erkek oyununu "TKO- Koreodramatheater" de sahneye koydu. Nedjo Osman " Koreodramatheater" in sanat yönetmeni ve Nada Kokotovic'le birlikte, Romano Theatro Köln'ün kurucusudur.

Nedjo Osman ist am 06.01.1958 Skopje/Mazedonien, im ehemaligen Jugoslawien geboren. Er machte sein Diplom bei dem berühmten Schauspieler und Professor Rade Serbedzija an der Film-und Theater-Kunstakademie in Novi Sad. Er spielte Hauptrollen in über 30 Vorstellungen von Klassik bis Moderne und bewies in vielen Vorstellungen seine tänzerischen Fähigkeiten. 1982 wurde er Mitglied des Theaters "Pralipe" im ehemaligen Jugoslawien und war zudem von 1986 bis 1991 Mitglied des National-Theaters in Subotica. Ab 1991 war er Mitglied des Theaters "Pralipe" in Deutschland als Teil des Theaters Mülheim an der Ruhr (Sluthochzeit, Othello, Das Grosse Wasser, Sieben gegen Theben, Romeo und Julia). Seit 1995 arbeitet er frei als Schauspieler, Regisseur und Poet in Köln.

Nedjo Osman wurde als Schauspieler mehrmals ausgezeichnet u.a. für die Hauptrolle in "Anita Berber" in Novi Sad, 1991 erster Preis des Jugoslawischen Theaterfestivals Wojwodina für die Rolle des Leonardo in Lorcas "Bluthochzeit" in Sarajevo.

Als Mitglied des Theaters "Pralipe" und des Theaters Subotica gastierte er auf zahlreichen Theaterfestivals von Athen bis Mexico City. An der Oper Köln spielte er im Tanz Forum Projekt "Goya" (UA: Dezember i995), gastierte 1996 am Düssel-

dorfer Schauspielhaus in der Vorstellung "Worte Gottes" von del Valle-Inclan in der Inszenierung von Werner Schroeter und 1998 am Saarlandischen Staatstheater in Saarbrücken in der Inszenierung "Lysistrate" von Nada Kokotovic.

Er spielte in mehreren Fernseh-und Spielfilmen in ehemaligen Jugoslawien und in Deutschland, so 1992 im Film "Tod" von Iva Schvarzova und 1993 in einem Film von Peter Birkmann. Seit 1993 arbeitet Nedjo Osman auch als Regisseur: "Das Stück fällt aus" frei nach Shakespeare am Werkstatt Theater in Unna (1995), "Die Wiederspenstige Zähmung" nach Shakespeare am Werkstatt Theater in Unna (1996), 1997 inszenierte er "Yerma - Nach dem Tod" frei nach Lorca im TKO-Romano Theatro und "Ein Tag, eine Frau, ein Mann" im TKO-Koreodramatheater Köln.

Nedjo Osman ist künstlerischer Leiter des Koreodramatheater zusammen mit Nada Kokotovic und Gründer des Romano Theatro-Köln.

Sarajevo

Nasti te bistrav
i luludi so i loli
vi o pani
vi o bar ko drom
vi lolo si
vi o drom si lolo
vi parno o del si
vi lolo
vi o pani si lolo

Saraybosna

unutamam
kırmızı çiçekleri
ve suyu
ve sokaktaki taşı
o da kırmızı
ve sokak mavi
ve gök beyaz
ve kırmızı
su
kırmızı

Sarajevo

Die Blumen, die roten
Kann ich nicht vergessen
und das Wasser
Und den Stein auf der Straße
Auch er rot
Und blau die Straße
Und weiß der Himmel
Und rot
Das Wasser
Ist rot .

Ma bijan man

Okole plajeste mo dat
cinelsine pus
javere grastenge.
Okole cergate mi daj
bijanel sine
djikana o kam takarel i puf.
Te djanav sine trin lafija
anglal te bijangljovav
ka vakerav sine
ma bijan man.
Uljum paripnaske
bariljum bugjake
puriljum
hem nasavgiljum.
Te muljum
civen pani e lulugjenge
muken i car te bajrol
Te muljum
e grasten muken te prastan
o cerenja me cirikle te araken
galbane mace oleske te den
Te muljum
asvin ma muken
muken man korkoro
mo suno ma cinaven
Te muljum
mandar kanci ma vakeren.

Beni doğurma

o bilinen tepede arpa biçiyordu babam
başkalarının atları için
doğurmuştu annem
toprağı yakarken güneş

doğmadan önce
iki sözcük bilseydim sadece
derdim ki
beni doğurma
dert çekmek için yaratıldım
çalışmak için büyüdüm
yaşlandım lime lime

ölürsem
çiçekleri sulayın
bırakın çimen büyüsün
ölürsem bırakın koşsun atlar
kuşlarıma yıldızlar baksın
o altın balıklar yesin
ben öldüğümde
akmasın gözyaşlarınız
düşümü bölmeyin
bendeki ağırlığı alın
ölürsem
benden söz etmeyin.

Gebäre mich nicht

Auf jenem Hügel
mähte der Vater Korn
Für die Pferde anderer
In jenem Lager

Kam die Mutter nieder
während die Sonne auf die Erde brannte
Hätte ich vor meiner Geburt
Nur drei Worte gewußt
hätte ich gesagt
Gebäre mich nicht
Für's Leid bin ich geschaffen
Für die Fron großgezogen
Altgeworden und verbraucht
Wenn ich sterbe
Gebt den Blumen Wasser
laßt das Gras wachsen
Wenn ich sterbe
laßt die Pferde laufen
Die Sterne sollen meine Taube hüten
Goldene Fische soll sie bekommen
Wenn ich sterbe
Vergießt keine Träne
Unterbrecht nicht meinen Traum
Erzählt nicht von mir.
Wenn ich sterbe.

1980

Ma dara Romestar

Ma dara Romestar
ki palma vov dikel
krisipa tlo ka vakerel
bersenca te djivdine.
Ma dara Romestar
arman tut ka del
barvalo te ove
terno te acove.
Ma dara Romestar
kasta ka paravel
love naje tutar te lel
mol ole te dingjan
vi ko jaka ole te dikljan.
Ma dara Romestar
vov rikonestar nasel
rat nasti dikel
manuse nasti mudarel
amal vov rodel.
Ma dara Romestar.

1994

17

Çingeneden Korkma!

korkma çingeneden
el falına bakar
sana geleceğini söyler
uzun yaşayacaksın
çingeneden korkma
sana dua edecek
zengin olasın
genç kalasın
çingeneden korkma
odununu kesecek
para almadan
ona şarap verebilirsin
gözlerinin içine bakmalısın
çingeneden korma
o köpeklerden kaçar
kan göremez
insan öldüremez
çingeneden korkma.

Keine Angst vor Zigeunern

Keine Angst vor Zigeunern
Er liest in deiner Hand.
Deine Wahrheit sagt er dir
Lange Jahre wirst du leben
Keine Angst vor Zigeunern
Verfluchen wird er dich
reich sollst du werden
jung wirst du bleiben.
Keine Angst vor Zigeunern
Er wird dein Holz hacken
kein Geld dafür nehmen
Wein kannst du ihm geben
du muß ihm in die Augen schauen
Keine Angst vor Zigeunern
Er fürchtet sich vor Hunden
Blut kann er nicht sehen
Menschen kann er nicht töten
Keine Angst vor Zigeunern.

"Tardo Mangipnastar"

Meken man
te ovav mato
pal na tari mol
Meken man
me sem tardo mangipnastar
ko dudo kameskoro
bahtalo so keras man
Tardo mangipnastar
ki jag djivdipaseri
ki gili
ko piribe mlo.

Sevdalı

bırak beni
bırak bu akşam sarhoşluğa
şarapla değil
bırak beni
sevdalıyım
bana mutluluk veren ışığına güneşin
sevdalıyım
hayatın ateşine
keman sesine
avareliğime

Verliebte

Lass mich
lass mich heute nacht betrinken
nicht mit dem Wein.
Lass mich
verliebt bin ich
in den mir Glück bringenden Sonnenschein
Verliebt bin ich
in das Feuer des Lebens
in den Geigengesang
in mein Vagabundendasein.

Patrin

Vakerav kerdo te ovel
vi e devlestar vakerdo
mangipa nasti ovel ulavdo.
Patrin
sovli dav leste
me ileste
ko sa purane kasta ko vesa
me mangav Patrin
Sovli dav mande
tle anaveste
ko sa asvale panja bare
Patrin vaker va
o duvarja kasuke
nasti sunen.
vudara putrav golenge
so ni sunen
golenge Patrin so olen nae
Patrin pal tu me jaka astare
soske asva nae
tlo cumiba cuminav
tle bala astarav
o cucija so ucaren
me vostendar kerde
Patrin
te nae agjar
pande mange vudar
a mo mangipa tasav.

23

Patrin

öyle olsun diyorum
öyle emrettiği için tanrı
aşk bölünmez
yemin ederim ki
adımın üzerine
ve ormandaki yaşlı ağaçların
seviyorum Patrin'i
Patrin
yemin ederim
sana
bütün gözyaşı denizlerinin üzerine
Söyle Patrin
 sağır olsun duvarlar, dilsiz
Patrin
gözlerime dokunuyorsun
pınarları kurumuş
senin öpüşlerini öpüyorum
saçlarını okşuyorum
memelerini
Patrin
öyle değilse, kapat bana kapıyı sevgimi boğ.

Patrin

Ich sage
So soll es sein
Weil Gott es so befahl
Die Liebe ist unteilbar
Patrin
ich schwöre
auf mich
auf die alten Bäume im Wald
ich liebe Patrin
Patrin
Ich schwöre
Auf dich
in deinem Namen
auf alle Meere aus Tränen
Sag Patrin
Die Wände sollen taub sein und stumm
Patrin
Du berührst meine Augen
die keine Tränen mehr haben
Ich küsse deine Küsse
Berühre dein Haar
Darunter deine Brüste
An meinen Lippen
Patrin
Doch ist es nicht so
Verschließe mir die Tür
Ersticke meine Liebe.

Soske

Nanema parnipe
soske nasine pendo
nasijum sundo
soske nanema devel.
Soske
isiman kalipe
koripe
hem djadipe
Soske me nasijum ov
kaj sijum kalo sar kali rat
sar ker bi jagakoro
sar devel bi kamesoro
Soske
me sijum manus sar ov
Mangava mo parnipa
mo cacipa
mangava te mangav
sar ov.

1980

Neden?

Işığım yok, kısmet olmadı
tanımıyorlar beni
tanrım olmadığı için

Neden? Neden bana
karanlık
körlük
ve fakat bilgelik de
neden ben onun gibi değilim?

kara gece gibi kara olduğum için
ocaksız bir ev gibi
yıldızsız gök gibi

Neden? Ben de bir insanım onun gibi
ben ışığımı seviyorum
                gerçeğimi
sevmeyi seviyorum
onun gibi

Warum

Ich habe keine Helligkeit,
sie ist mir nicht beschieden
man weiss nicht um mich
weil ich keinen Gott habe

Warum? Warum habe ich
die Dunkelheit
die Blindheit
aber auch die Weissheit
warum bin ich nicht wie er?

Weil ich schwarz bin wie die finstere Nacht
wie ein Haus ohne Feuer
wie der Himmel ohne Sterne

Warum? Ich bin ein Mensch wie er!
Ich liebe meine Helligkeit
meine Wahrheit
Ich liebe es zu lieben
wie er.

Luludije kalije

Sa o brsima maglije
ka ucaren o patrnja,
hem o puvja.
Duj cerenja e bilacipnastar
ka nasen ki suki puv,
ni jek asvin ni hari bah
bahtalo djivdipe na anel.
So saj tuke te kerav
me sem corolo, hem korkoro,
nago mo ilo tuke dava
akale panjale racende.
O cika panjale i pufkerel
o patrnja peren
sa sukovel
Sar te kerav
so saj djanav
sar saj bilace sumnaleste
te mukav tut
luludije kalije.
O birsima o panja
mangen te peraven tut.

20.11.1997

Kara Çiçek

sağnak yağmur sevgimi
toprağı ve yaprakları örtecek
kaçar iki yıldız fırtınadan
kuru toprağa
göz yaşları sevinç getirmez
ne de mutlu bir yaşam
ne yapabilirim senin için
yoksul ve yalnız
kalbimi sunuyorum sana sadece
bu kara yağmur gecesinde
toprak ıslak, her yerde çamur
yapraklar dökülüyor
çürüyor herşey
 ne yapsam
nasıl bilsem
nasıl seni
bu dünyada geri bırakırım
kara çiçeğim
yağmur ve fırtına
seni yok etmek istiyorlar.

Schwarze Blume

Regenschauer, meine Liebe
werden Blätter und Erde bedecken.
Zwei Sterne flüchten vor dem Unwetter
In die trockene Erde.
Tränen bringen keine Freude
Kein glückliches Leben
Was kann ich für dich tun
Arm und einsam
Schenke ich dir mein bloßes Herz
in dieser schwarzen Regennacht
Die Erde ist naß
überall Schlamm
Die Blätter fallen
Alles welkt
Was soll ich tun
Wie soll ich es wissen
Wie soll ich dich
in dieser Welt zurücklassen
Meine schwarze Blume
Regen und Stürme
Wollen dich vernichten.

Cavo Bijandilo

Cavo bijandilo
kalo
rovel
Romni lole diklesa
dudo ko jaka
birsimale kotora ko vudar
o cave kelen
ki avlin
Romni mukle balenca
pani ingarel
ki len
birsimale kotora tovel
Ì Romni asal
ki len
cavo tovel
ko pani
cavo cingarel e Romnja
Daje
o kam asal.

Bir Çocuk Doğuyor

Bir çocuk doğuyor
Kara
Ağlıyor
Kırmızı başörtülü bir kadın
Gözleri parlayan bir kadın
Pencerenin önünde bir yağmur perdesi
Çocuklar oynuyor
Bahçede
açıyor saçını kadın
su çağlıyor derede
Yağmurda ıslanan çamaşırları
Yıkıyor derede
gülüyor kadın
Çocuğu yıkıyor suda
Çocuk kadını çağırıyor
Anne!
Güneş gülüyor.

Ein Kind wird geboren

Ein Kind wird geboren
Schwarz
Es weint
Eine Frau mit rotem Kopftuch
Eine Frau mit Glanz in den Augen
Vor dem Fenster ein Regenvorhang
Kinder spielen
Im Hof
Die Frau öffnet ihr Haar
Das Wasser strömt
Im Fluß
Sie wäscht die Regenvorhänge
Die Frau lacht
Im Fluß
Badet sie das Kind
Im Wasser
Das Kind ruft die Frau
Mamma
Die Sonne lacht.

Naj loko Rom te ove

Puceja man soske na asav
na, sar angle na sijum
ma puc, agjar te devlengoro
soko ilo man isi
ni maj ma puc soske pirava
ma puc
naj loko Rom te ove.
Beng mange vakeren
melalo hem djungalo
ma puc
o suno tari dar nasti sovel
pal mande sal even avel
me basalav na so mangav
basalav o ruva te na aven
basalav olen te sovjarav.
Puceja man
sar ponaodori
saj i Romni purani
pe asvenca
saj dukenca
mange bah te anel
Naj loko Rom te ove
ki mi Daj
ki Indija bicalenaman
Na pucen ni maj
soske basalav.
Ma puc
sar sijum.

Çingene olmak kolay değil

sorma
neden gülemediğimi
hayır, eskisi gibi değilim
tanrı için, sorma
halini ruhumun
asla sorma
neden şaşkın olduğumu
sorma
çingene olmak kolay değil
bana şeytan dediler
kara, pasaklı
sorma
ağır ağır uyanıyor rüya
içimde her zaman kış
şarkı söylemek keyfimden değil
kurtları uzak tutmak için müzik
sarhoş uyutmak için onları
gözyaşlarıyla
ya da hüzünleriyle
çingene olmak kolay değil
sormazlar
şeytana yollarlar beni
hindistan'a
asla sormazlar
neden şarkı söylediğimi
sorma nasıl olduğumu.

Es Ist Nicht Leicht, Zigeuner Zu Sein

Frag nicht
warum ich nicht lache
Nein, ich bin nicht wie einst
Frag bei Gott nicht
Wie es in mir aussieht
Frag nie
Warum ich umherirre
Frag nicht
Es ist nicht leicht, Zigeuner zu sein
Teufel nannte man mich
Einen schwarzen, einen dreckigen
Frag nicht
Mühsam erwacht der Traum
In mir ist immer Winter
Ich spiele auf, nicht aus Freude
Ich spiele auf, die Wölfe fernzuhalten
Ich spiele auf, sie schlaftrunken zu machen
Frag nicht
Was aus mir wird
Vielleicht beglückt mich eine alte Zigeunerin
Mit ihrer Träne
Oder mit ihrer Wehmut
Es ist nicht leicht, Ziegeuner zu sein
Sie fragen nicht
Sie schicken mich zum Teufel
Sie schicken mich nach Indien
Sie fragen nie
Warum ich singe
Frag nicht
Wie mir zumute ist.

Ovavni Rat

Mukle balengeri pirel i Kali
pirel upral i car sar te kelel
te sunela nasti.
Perdi tari dar o menije ko vas ljilja
taro mlo dikiba ko cika peli.
Me cindo taro mangipa
ola taro vas dolingjum ko mlo ker angjum
Mato taro teri
delino sar balval
perdo kamibastar
asvenca vakerava.
Dema te cumidav tut
dema cavo
dema te dikav tut
bi sehjengoro.
Vastestar man cidijas
po kotor pestar ikalas
me mo gad mandar
pe balenca man ucarzas
olakere cucija te cumidav
sar burnik luludime
Odoja rat
djungalo vakeriba vakeras
o cajoripe javereske mukjas
ovavni rat mange dijas.

Yalnış Gece

Herrdelez
dördüncü gün
bekliyorum
onu
geceyi
ve o, o siyah
açık saçlarıyla
yuvarlanıyor çimen üstünde
dans edercesine
sessizce
korkudan çıkarıyor Kamali
ayakkabılarını
yakalanıp bakışlarıma
çamura düşüyor
ve ben kara sevdaya musallat
tutuyorum ellerini
eve götürüyorum
ter sarhoşu
hüzne tutkulu
ağlayarak sevgiden
yaşlı gözlerle diyorum
bırak seveyim
bana bir çocuk ver
seni çıplak göreyim
kendine çekti beni
elbisesini fırlatıp
 ve ben gömleğimi

saçlarıyla örttü beni
öpücüklerle tattım memelerini
açılan çiçek bahçesini
öpücükleri bu gecenin
kirlettiler onu
kendini bir başkasına verdi
bana
yanlış bir gece hediye etti.

Falsche Nacht

Herrdelez
Der vierte Tag
Ich warte auf sie
Die Nacht
Und sie, die Dunkle
Mit offenem Haar
Wandelt über das Gras
Als tanze sie.
Lautlos
Aus Angst zieht Kamali
ihre Schuhe aus
Von meinem Blick getroffen
fällt sie in den Schmutz
Und ich, krank vor Liebe
Nehme sie bei der Hand
Führe sie nach Hause.
Schweisstrunken
Windbesessen
Liebestoll
Sage ich ihr unter Tränen
Lass dich lieben
Schenk mir ein Kind
Lass dich sehen
Ohne dein Kleid
Sie zog mich zu sich
Streifte ihr Kleid ab
Und ich mein Hemd
Sie bedeckte mich mit ihrem Haar
Mit Küssen koste ich ihre Brüste
Ein erblühter Blumenstrauss.
Die Küsse dieser Nacht
beschmutze sie .
Sie hatte sich einem anderen hingegeben
Eine falsche Nacht hatte sie mir geschenkt.

Marion Mentzel

Marion Mentzel geboren 1953 in einem kleinen Ort nördlich von Bremen. Dort aufgewachsen und das Leben in einer solidarischen und lebendigen Großfamilie genossen.

Vom Großvater gelernt, daß der Kampf für eine bessere Gesellschaft und Lebensfreude ebenso zusammengehören, wie Gerechtigkeit und Menschlichkeit. Vom Vater die Selbständigkeit im Denken und die Freude am Lesen, von Mutter die Lust zum Tanzen und am Widerspruch geerbt.

Nach der Schule zunächst in einer kleinen griechischen Reederei gearbeitet. Und von da an die Liebe zum Meer, zu Seeleuten, Reisenden und "Fremden" nicht mehr verloren.

In Köln Sprachen studiert. Während des Studiums neue Freunde aus aller Welt und die Länder rund ums Mittelmeer als Wahlheimat entdeckt. Das Studium finanziert mit Jobs beim Rundfunk und aus der Lust an Kommunikation einen Beruf gemacht.

Zwei Töchter geboren. Kraft und Inspiration aus dem Zusammenleben mit Kindern geschöpft, jahrelang gearbeitet an der Schaffung von kinder-und elternfreundlichen Einrichtungen wie Kinder-oder Schülerläden.

Die ersten türkischen Worte von Inan im Kinderladen gelernt, die ersten serbo-kroatischen von Zoran, einem Kollegen im Rundfunk.

Mit 40 Kulturmanagement studiert, weiter beim Rund-funk gearbeitet, in der Freizeit Migranten und Künstler in ihrem Lebens-und Schaffenskampf unterstützt.

Immer neugerig gewesen auf das Neue, das Fremde, das Unbekannte mit einer unbändigen Lust am "orientalischen" Geschichtenhören und-erzählen.

Von da aus war es nur ein kleiner Schritt zum Aufspüren der eigenen Fremdheit und zum Aufschreiben der selbsterleb-ten Geschichten.

Auf der Suche nach neuen Lebensformen schließlich eine Wohngemeinschaft gegründet, in der sie heute am Stadtrand von Köln mit 5 Freunden und einer ihrer beiden Töchter lebt.

Marion Mentzel 1953 yılında Almanya'nın Bremen kentinin kuzeyinde bulunan küçük bir köyde doğdu. Kalabalık bir ailenin canlı ve dayanışmacı ruhunu tadarak büyüdü. Babasından iyi bir toplum için mücadele ve yaşam sevincine, adalet ve insan olmanın da dahil olduğunu öğrendi. Babasından özgür düşünme ve okuma zevkini, annesinden de dans etme ve çelişki zevkini miras aldı. Okuldan sonra önce bir Yunan Deniz Yolu İşletmesi'nde çalıştı ve o zamandan sonra da denize, denizcilere, gezginlere ve "yabancılar"a olan sevgisi kaybolmadı.Köln'de Filoloji öğrenimi gördü. Öğrenim döneminde dünyanın her yerinden yeni arkadaşlar ve tercih ettiği yurt olarak Akdeniz ülkelerini keşfetti. Öğrenimini radyoda yaptığı yan işlerle finanse eden Mentzel iletişim isteğini bir mesleğe dönüştürdü. İki kız çocuğu dünyaya getirdi, çocuklarıyla sürdürdüğü birlikte yaşamdan elde ettiği güç ve esinle yıllarca çocuklara ve ebeveynlere uygun çocuk ve öğrenci büroları gibi kurumların oluşumunda çalıştı.

İlk Türkçe sözcükleri çocuk yuvasında İnan'dan öğrendi, ilk Sırp-Hırvatça sözcükleri radyoda Zoran isimli arkadaşından.

Kırk yaşında Kültür Menejerliği'ni okudu, radyoda çalışmayı sürdürdü, boş zamanlarında yaşam ve yaratma mücadelesi veren göçmen ve sanatçıları destekledi.

Her zaman yeniye, yabancıya, bilinmeyene meraklı, oryantal hikayelerle ele avuca sığmaz bir istekle ilgilendi.

Bundan sonra kendi yabancılığını hissetmek ve yaşadıklarını yazmaya sadece bir adım kalmıştı. Yeni yaşam biçimleri oluşturmak için Köln'ün kenar semtlerinden birinde, hala içinde ikisi kadın beş arkadaşıyla birlikte yaşadığı komünü kurdu.

Traum von Kusadasi

nachtweiche mittelmeerluft umspinnt uns
mit einem kokon alter liebevoller leichtigkeit
läßt uns träumen vom richtigen leben im falschen,
in einer sprache dieselben lieder singen,
lachen und trauern über ein-und dieselben dinge
so wächst nach vielen gläsern efes pils und aprikosensaft
ein neues zartgrünes "wir" aus dem rebstock neben uns
steigt auf und schwebt wie ein glühwürmchen herum
bevor es kopfüber in den kleinen brunnen stürzt
es konnte nicht schwimmen - schade eigentlich !

August 1995

Kuşadası rüyası

gece, sessizliği Akdeniz havası sarıyor
ipek böceği yaşında sevgi dolu bir hafiflikten
gerçek bir hayatı düşlememizi sağlıyor yanılgıdan
bir dilde aynı şarkıları söylemek
gülmek ve yas tutmak aynı şeylere
böyle büyüyor sayısız kadeh efes pilsen
ve kayısı suyundan sonra
yeni bir çekici yeşil "biz" yanımızdaki asmadan
yükseliyor ve parlayan bir tırtıl gibi çevremizde
küçük bir çeşmeye başaşağı düşmeden önce
ne yazık, yüzme bilmiyor.

Vermutung

du glaubst
an meinen mut
verlangst
meinen langmut
rechnest nie
mit meinem unmut
findest du nicht
daß du mir
viel zumutest

April 1994

Tahmin

cesaretime
inanıyorsun
sabırlı olmamı
istiyorsun
hiç hesaplamıyorsun oysa
cesaretsizliğimi
ne dersin
benden
çok fazla şey beklemiyor musun?

Kontakt

wie gut
daß in den nächten
totaler wortfinsternis
unsere hände
das morse-alphabet
im schlaf beherrschen

4.04.1991

İletişim

ne iyi ki
gecelerin
mutlak söz karanlığında
ellerimiz
mors alfabesine
gözleri kapalı hakim

:

Himmel und erde

sie: die grenzen zwischen dir und mir
zwischen liebe und tod
ganz sein, hell und eins sein
mit dir und dem universum
was soll danach noch kommen?
danach bin ich wieder ich
und du wieder du
und das mit dem universum
werde ich nie verstehen

er: wenn ich komme
kommt mir immer das bild
eines ausgetrockeneten flussbettes
in das endlich wieder wasser strömt
kraft und freude fließt durch mich
und die erde schreit.

18.02.1991

Gök ve Dünya

o: sınırlar senin ve benim aramdaki
aşk ve ölüm arasında
bütün olmak, aydınlık ve bir olmak
seninle ve evrenle
sonra ne olabilir
sonra ben tekrar benim
ve sen tekrar sen
ve evren konusunu
hiç anlamayacağım

o: ben geldiğimde
aklıma hep resmi gelir
kurumuş bir nehir yatağının
içinde tekrar suyun çağladığı
kuvvet ve neşeyle içimden akar
ve dolaşır dünyayı

Angina pectoris

spätestens seit der mondlandung
ist die zeit der romantik vorbei, sagst du
wie kann man angesichts der massaker der welt
von liebe reden, fragst du
wir dürfen nicht aufgeben, die hoffnung muß
in uns brennen, willst du

und der mond hängt tief über dem kirschbaum
während die sehnsucht deiner lieder
durch deinen verwilderten garten weht
in dem du rosen schneidest für die genossin,
und bittere reden führst über den
kampf in deinem land
aus dem du jetzt ausgeschlossen bist

wie das alles zusammenbringen
gefühl und vernunft,
liebe und hass,
zuversicht und verzweiflung
die alte und die neue heimat
ohne daß dabei das herz bricht

12.07.1990

Angina Pectoris

aya inilince
bitti romantizm çağı-diyorsun
bu katliamların arasında insan
aşktan nasıl sözedebilir-soruyorsun
yılmamalı, teslim olmamalı
içimizde yanmalı umut- istiyorsun

ve ay kiraz ağacının üzerine asılı
şarkılarının ve şiirlerinin
özlem dolu rüzgarı
eserken odada
beklediğin yoldaşın için
vahşi bahçenden
güller kesiyorsun
şarap içerken
bana yabancı ülkende
oğlunun yaşamını anlatıyorsun
ve sesini güçlendiriyor
acılar, suçlamalar

bütün bunlar
kalpler kırılmadan
nasıl bir arada olacak
duygu ve akıl
sevgi ve kin
güven ve ümitsizlik
yeni ve eski dünya...

Lagerfeuer in der grossstadt

deine kebap-spiesse im sprudelnden wachs
meine hände als windschutz
unsere kippen als glimmende grillkohle
- das wird kein strohfeuer

es reicht jetzt zum spiegeleier-braten
weisst du aus deiner zeit im knast
liebe und feuer brennen von ganz allein
mit deiner nahrung, meinem schutz

18.05.1990

Şehirde mangal közü

senin kebap şişlerin kaynayan mum içinde
benim ellerim yeli kesiyor
izmaritlerimiz kor gibi
-bu bir saman ateşi olmayacak

yeter bu ateş sahanda yumurtaya
hapisten biliyorsun
sevgi ve ateş yanarlar kendiliğinden
doğurmalıyız onları, korumalıyız
ve sadece bu kadar
yapacaklarımız.

Generationskonflikt

- *für birte und maren, während des golf-krieges -*

ihr leben lang ist sie bescheiden gewesen
hat sich krumm gelegt und nichts verlangt,
und nichts
als ihre pflicht getan

jetzt spucken böse, ausgetrocknete lippen
den hass ihres ungelebten lebens
über unsere
verlassenen kinder

die allein demonstrieren gegen den krieg
die aufbegehren und alles wollen,
die begehren -
das volle leben

Februar 1991

Kuşak çatışması

-Körfez savaşı sırasında Birte ve Maren için-

hayatı boyunca alçakgönüllü oldu
hiçbir şey istemedi boynunu eğip
ve hiçbir şey yapmadı görevi dışında

şimdi tükürüyorlar
kızgın ve kurumuş dudaklar
yaşanmamış hayatın kinini
üzerine
terkedilmiş çocuklarımızın

yalnız başına savaşa karşı yürüyenler
isyan eden ve herşeyi isteyenlerin
isyanı
tüm yaşama karşı

.... with a little help from my friends

drei stunden schlaf
baklava und schwarzer kaffee unterm kirschbaum
vertreiben in der dämmerung die todesschatten der
nacht
jetzt tüncht der morgen den himmel kitschblau
tautropfen fallen wie freudentränen ins gras
die schlangen der einsamkeit verlassen den garten
vor erleichterung springt die kaffeetasse in stücke
und badet seeligglucksend in der kaffeekanne.

20.07.1990

Arkadaşımın küçük yardımıyla

Kiraz ağacının altında
baklava ve kahve
ve üç saat uykuyla
attık yükünü gecenin

ve şimdi sabah oluyor
gökyüzü parlak mavi
ve göz yaşı gibi dökülüyor
çimenlere çiğler

yalnızlığın yılanları
kovulduğu zaman bahçemizden
parçalanıyor sevinçten fincan
ve yıkanıyor mutlulukla
içinde kahvenin.

Du schwarz-ich weiß

seine augen
schwarz wie kaffeesatz
entlarven seine lügen
und unsere dummheit

seine augen
schwarz wie oliven
verspotten seine leidenschaft
und unsere wilden phantasien

seine augen
schwarz wie kohle
heizen sein spiel an
und unsere aggressionen

seine augen
schwarz wie die nacht
verbergen seinen schmerz
und die angst - seine.

November 1997

Sen kara - ben bilge-beyaz

gözleri
kahve tortusu gibi kara
sıyırıyorlar yaldızını
ve aptallığımızı

gözleri
zeytin gibi kara
alay ediyorlar tutkusuyla
ve vahşi fantazilerimizle

gözleri
kömür gibi kara
oyununa can katıyorlar
ve bizim saldırganlığımıza

gözleri
gece gibi kara
acısını gizliyorlar
ve korkusunu

Kasım 1997

Ali Erenler

Serra 1962 de Pılemoriye de dewa Görsünüti (Ardıçlı) de amo dina. 1967 de şiyo Estemol, hata 1980 Estamol de mendo. 1980 de amo Alamania, Köln de pedagoji wendo qedeno. Nıka ki meslega xode gurino.

****

1962'de Pülümür'ün Görsünüt (Ardıçlı) köyünde dünyaya geldi. 1967'de İstanbul'a gitti ve 1980'e kadar orada kaldı. 1980'de Almanya'ya gitti, Köln'de Pedagoji bölümünü bitirdi. Hala mesleğinde çalışmakta.

*****

Im Jahr 1962 kam er in dem Dorf Görsünüt (Ardıçlı), in Pülümür, auf die Welt. 1967 ging er mit der Familie nach İstanbul und lebte dort bis 1980. 1980 kam er nach Deutschland, studierte in Köln Pädagogik. Zur Zeit ist er in seinem Berufsbereich tätig.

Verê Locine De

tariyo
serê Koê Heli de vore
verê çeberi de vore
zımıstono, tariyo
serê made asmen
serê made astari
serdo
ma verê locine de
zerê adıri de khartoli pişinê
gosê made sanıkê khalıki
tariyo, zımıstono, teber de vergi zurrenê
hewnê keşi çino

Ocak Önünde

karanlık
Hel Dağı'nın zirvesinde kar
üstümüzde dolunay
üstümüzde yıldızlar
soğuk
ocağın önündeyiz
ateş içinde patatesler
kulağımızda masalları dedemin
karanlık, kış, dışarda kurtlar uluyor
uykusu yok kimsenin.

Vor Dem Kamin

es ist dunkel
auf dem Berg Qoe Heli Schnee
Schnee vor den Türen
es ist kalt
wir vor dem Kamin
braten im Feuer Kartoffeln
in unseren Ohren Märchen des Großvaters
es ist dunkell, Winter, draußen bellen die Wölfe
niemand will schlafen

Zerê Made

ez 'ke mevaci
yeniê munzuri vanê
ez 'ke mevaci
koê munzuri vanê
ez ke mevaci
warê munzuri vanê
ez 'ke mevaci
jiarê munzuri vanê
ez 'ke mevaci
zerê mı vano
"38 zerê made kergana"

İçimizde

ben söylemesem
Munzur'un çeşmeleri söyler
ben söylemesem
Munzur dağları söyler
ben söylemesem
yaylaları söyler
ben söylemesem
ziyaretleri söyler
ben söylemesem
yüreğim söyler
"38 yüreğimizde yaradır."

Die Wunde

wenn ich nichts sage
sagen es die Brunnen von Munzur
wenn ich nichts sage
sagen es die Munzur Berge
wenn ich nichts sage
sagen es die Sommerweiden von Munzur
wenn ich nichts sage
sagen es die Pilgerstätten von Munzur
wenn ich nichts sage
sagt es mein Herz
"38 ist eine Wunde in uns"

Domonia Ma

emnon perocie de sodır
pirıka ma hewnê xode çı di çı nêdi
xer bo braenê, xer bo waenê
pil u qıci re qesey kerdenê

zımıston verê locıne de pesewe
khalıki marê sanıki kesey kerdenê
ya Xızır, tı zonena
serê verg bi, ya ki deleverg

serê koon de ma
pirıka xora gos da
khalıkê xora gos da
hewnu ra uştime ra
sanıku ra şime hewna

Çocukluğumuz

yaz, kahvaltıda, sabah
nenemiz rüyasında ne gördü ne görmedi
hayır ola kardeşler, hayır ola bacılar
büyüklere, küçüklere anlatırdı

kış, ocak önünde, gece
dedemiz masallar anlatırdı
ya Hızır! sen bilirsin
erkek kurt üzerine miydi, dişi kurt mu

dağlar arasında biz
nenemize kulak verirdik
dedemize kulak verirdik
rüyalarla uyanır
masallarla dalardık uykuya

Unsere Kindheit

Im Sommer, morgens beim Frühstück
was unsere Großmutter in ihrem Traum geseh'n
oder nicht geseh'n
möge es zum Guten ausschlagen meine Brüder,
meine Schwester
alt und jung erzählte sie es allen

Im Winter, vor dem Kamin, nachts
unser Großvater erzählte Marchen
gelobter Xızır, du müßtest wissen
ware es über Wölfe oder Wölfinnen?

Auf den Bergen wir
hörten unserer Großmutter zu
hörten unserem Großvater zu
wachten mit Träumen auf
mit Märchen schliefen wir ein.

Yêhie Luhsuni

verê yêni de çêney
qabu şünê, qesey kenê
dorme yêni de xorti
nêzonu ke çaê fetelinê

jü çênek bırosê xo kena pırr
kuna rae
xorto jü ki peyra sona
verê yêni de taê hune, taê serm kenê
nëzon ke çaê serm kenê

Murzurun Çeşmeleri

çeşmenin önünde kızlar
bulaşık yıkıyor, sohbet ediyorlar
etrafında çeşmenin delikanlılar
bilmiyorum ki neden dolaşıyorlar

kızlardan biri doldurup kovasını
düşüyor yola
bir delikanlı da arkasından
çeşmenin önünde gülüyor bazıları
bazıları utanıyor
bilmem ki
neden utanıyorlar.

Die Brunnen Von Munsur

Vor dem Brunnen die Mädchen
spülen Geschirr, unterhalten sich
um den Brunnen herum die Jungs
'weiss nicht, warum spazieren!

Eines der Mädchen füllt sein Eimer
begibt sich auf den Weg
hinterher ein Junge
manche vor dem Burunnen lachen

manche schämen sich
'weis nicht warum sie sich schamen.

Vijer, Ewro

vijer bi, ya ki ewro
vanê 'ke dewi biyê tol
vanê 'ke çêy rıciyê
kes samia merdoni nêdano
koon de jü vergi ra hesi mendê
vijêr bi, ya ki ewro
vanê 'ke Munzur bêkeso

Dün, Bugün

dün müydü, bugün mü
diyorlar ki köyler boşalmış
diyorlar ki evler yıkılmış
kurban dağıtmıyor kimse,
                 ölülerin hayrına
kalmış dağlar kurtlarla ayılara
dün müydü, bugün mü
diyorlar ki Munzur yetim kalmış.

Gestern, Heute

war es gestern oder heute
die Dörfer seien geräumt
die Häuser seien zertrümmert
niemand denke mehr an die Toten
nur Wölf und Bären blieben auf den Bergen
war es gestern oder heute
Munzur sei verwahrlost.

A.Kadir Konuk

Yazar ve gazeteci A. Kadir konuk 1950 yılında Erzincan'da doğdu. 1972 yılına kadar ilkokul öğretmenliği yapan Konuk, daha sonra üç yıl İstanbul Atatürk Eğitim Enstitüsünde Pedagoji eğitimi gördü ve politik çalışmaları nedeniyle öğreniminin bitimine iki ay kala, okuldan ayrıldı. 1982 yılında İstanbul-Rahmanlar'da gözaltına alınan Konuk 1983 yılında ölüm cezasına çarptırıldı ve cezası 1984 yılında Askeri yargıtay tarafından onaylandı. Türkiye'nin değişik on cezaevinde yedi yıla yakın bir süre kalan A.Kadir Konuk 1989 yılında muayene için götürüldüğü Çapa Tıp Fakültesi'nden arkadaşları tarafından kaçırılarak yurt dışına çıkarıldı. 1989 yılından beri Almanya'da politik sığınmacı olarak yaşayan Konuk'un Türkiye'de yayınlanmış 15 kitabı bulunuyor. Bu kitaplardan ikisi Almanca'ya çevrildi.

A. Kadir Konuk ; Schriftsteller und Journalist. Geboren 1950 in Erzincan -Türkei. 1966 bis 1972 Grundschullehrer. Ab 1973 Studium an der Atatürk-Hochschule für Padagogig in İstanbul. 1976 mußte er - zwei Monate nach seinem Examen - dieses Studium wegen seines politischen Engagements abbrechen und in den Untergrund gehen. 1982 Verhaftung in İstanbul Rahmanlar und Untersuchungshaft. 1983 zum Tode verurteilt, 1984 wurde das Todesurteil vom Obersten Militargerichtshof bestätigt. Nach Verlegung in verschiedene Gefängnisse von Canakkale. Überführung nach İstanbul Sağmalcılar zur medizinischen Behandlung. Wahrend eines Krankenhausaufenthalts 1989 von seinen politischen Freunden befreit. Konuk lebt als politischer Flüchtling in der Bundesrepublik. In der Türkei sind fünfzehn Bücher erscheinen.

Tora

Aylardan ocak mıydı, neydi
Kar düşmemişti İstanbul'a daha Tora
Uykusuz gecelerimin
Düşten güzel sevgilisi
Aylardan ocak mıydı, neydi
İlk rastladığımda sana
Gök gözlerinde seyredip Marmara'yı
Açılırken Adalar'a
Neden ağlamıştın söylesene
Nedendi gözyaşları Tora
Hangi ulustandın, sormadım
Merak bile etmedim, ne fark eder
"Ben, ölürken seyrettim bir işçiyi", dedin
"Demir düştü cılız omuzlarına
Belki bin tondu demir
Çıkmadı sesim bir nefes olsun
Uzaktım"
Sesini duyar gibiyim şimdi
Şimdi ölüm geldi aklıma

Bir işçinin kızıydın Tora
Ta beline iniyordu saçların
Beliklerin bilek bilek
Ellerin taştan nasırlı
Mekik taşırdın, bobin taşırdın
Saçlarında kalırdı iplik tozları
Saçlarını taramayı ne çok severdim
Aylardan Ocak mıydı, neydi
Kar düşmemişti İstanbul'a daha
Kan düşmüştü sokaklara Tora
İki kişi vuruldu daha dün

Bugün de iki kişi
Gidiyor insanlar birer ikişer
Senin gül ağzından dökülen o kan
Akıp gitti Beyoğlu sokaklarına

Aylardan Ocak mıydı bilmiyorum
Öldü, dedi kapıcı kadın
Sabahtı son sorduğumda
Aylardan Ocak mı ne
Şimdi hiç bilmiyorum
Senden ve saçlarından yoksunum Tora
Bir de işçilerin
içli türkülerinden
Yine insanlar öldürülüyor birer, beşer
Yine kan kusuyor fabrikada işçiler
Tozlar kurşunlar kadar kalleş ve sinsi
Ama bir şeyler değişti elbet
Şimdi sesleri daha gür, ölenlerin
Hayat her gün üretmede yeniyi
Ve ben sevmeye devam ederken seni
Yeni sevdalara gebeyim Tora

Tora

War es von all den Monaten der Januar,
auf Istanbul fiel noch kein Schnee, Tora
meiner schlaflosen Nächte, du
wunderschöne Geliebte,
War es von all den Monaten der Januar,
als ich dich zum ersten Mal traf
bewundernd das Marmarameer in deinen himmlisc-
hen Augen
während der Fahrt zu den Inseln
sag doch, warum du geweint...,
warum die Tränen, Tora.
Von welcher Nation du bist, habe ich nicht gefragt,
noch nicht mal neugierig war ich darauf, wieso auch
"Einem Arbeiter im Sterben hab` ich zugeschaut"
sagtest du
" Auf seine kümmerlichen Schultern fiel Eisen,
vielleicht tonnenschwer war es
ich; stumm, atemlos,
fern"
Jetzt, als ob ich deine Stimme höre,
jetzt fiel mir der Tod ein
Du warst Tochter eines Arbeiters Tora
bis an die Lenden fielen deine Haare
so voll, so prächtig deine Zöpfe
auf denen Händen Schwielen, härter als Stein
du trugst Weberschiffchen, Rollen
der Staub der Fäden blieb auf deinen Haaren hän-
gen,
wie gerne ich deine Haare kämmte!

War es von all den Monaten der Januar,
noch kein Schnee fiel auf Istanbul
auf den Straßen floß Blut, Tora
gestern wurden schon zwei erschossen
und auch heute zwei
Menschen fallen nacheinander
aus deinem rosenen Mund floß das Blut
lief auf die Straßen von Beyoglu hin
War es etwa Januar, weiß es nicht
gestorben, sagte die Hausmeisterin
es war Frühmorgen, als ich zuletzt fragte
war es etwa Januar
jetzt weiß ich es nicht mehr
und bin ohne dich, ohne deine Haare, Tora
und der Arbeiter
herzhafte Lieder
wieder werden nacheinander Menschen erschossen
wieder spucken Arbeiter Blut in den Betrieben
der Staub genau so hinterhältig und feige wie Ku-
geln
manches hat sich aber verändert, sicherlich
jetzt noch lauter die Stimme der Gestorbenen
jeden Tag erneuert sich das Leben
und während ich weiterhin dich liebe
gehe ich mit neuen Lieben schwanger, Tora

Şarap böyle içilmez

Oturmuşsun gecenin orta yerine
Oturduğunla kalmamış
Bir de tutturmuşsun memleket havasını
Yarım şişe şarap
Akşamdan beri
-İçemeyenler de var- demişsin
Neye yarar.
Bu şarap şimdi Kadıköy'de
Yalova vapurunda yahut
Adalara bakarken bir yerde
Tam da güneş batarken
Bir de heyy çektiğini düşün
Sonra ürkek denizin yakamozları
Bir çift geçiyor sahilden örneğin
Utangaç bir çift
Elele tutuşmuşlar yarı gizli
Korkuyorlar karakola gitmekten
-Burada sokak ortasında
Öpüyorlar birbirlerini-
Yalının kapısında hep aynı yazı
-Köpekler giremez-
Ve bir de sen!
"Olsun" denmez ya a canım
Basarsın gamatayı sunturlusundan
Efkardır basar, allı morlu
Yine de bu şarap
Kadıköyde, Altıyolda
Fıçı meyhanesinde
Balıkçı küfürlerinin, ya da
Öğrenci türkülerinin arasında içilmeli!

So Wird Der Wein Nicht Getrunken

Du sitzst mitten der Nacht
so bleibst du sitzen
singst ein Heimatlied aus deinem Herzen
halbe Flasche Wein
seit dem Abend
- auch Nichttrinker gibt es, sagst du
wozu nutzt es
Dieser Wein jetzt in Kadiköy
oder in Yalova-Däpfer
irgend wo mit Aussicht auf die Inseln
genau während des Sonnenaufgangs
und auch ein Heey, schreiest du aus dir heraus
dann das Aufleuchten eines schüchternen
Meeres.
Ein Paar spaziert am Strand zum Beispiel
ein schüchternes Paar
Hand in Hand, halb versteckt
ängstlich vor der Polizei
- Hier, inmitten der Straße
küssen sie sich
Am Tor der Villa immer der selbe Satz
- Hunde bleiben draußen
und ausserdem du!
laß es sein, kann man ja nicht sage meine
Liebste,
beschimpfst, wie es sich gehört,
betrübt, rötlich, violett
trotzdem: dieser Wein
in Kadiköy, Altiyol
in Fici Meyhanesi
zwischen den Beschimpfungen der Fischern
und den Studentenliedern soll man trinken

Deli Rhein

Dün gece bir kadın gördü Rhein
Dün gece yalnız adam
Eksi beş dereceydi hava
Çılgın adam, kadın deli
Dün gece sabaha karşı
Çok şanslıyım dedi adam.
Hava soğuk, lav doluyor içine
Her tarafı alev alev bedenin
Hava soğuk, yanardağlar patlıyor
Adam bir cinayet işleyecek, kesin
Çabuk biten geceyi
Korkmadan öldürecek.
Adı tanrıçadan gelme kadının
Tanrıçalar yönetiyor dünyayı
Ve kadın bakıp gözlerine adamın
Dedi;
"Hiç kimse bana daha
Çok güzelsin demedi."
Haksızlık bu, diye bağırdı adam
Tanrıçalar güzeldir
Fakat belki kördür erkekler
ve belki
Bir volkan yoktur yüreklerinde
Ve belki
Buz tutmuştur sözcükler dillerinde
Belki de görmediler gözlerini
Güldü kadın
"Sen gerçek bir delisin" dedi
"Deli Rhein gibi deli
Nereden gördün karanlıkta gözlerimi?"
Bir çok şeyi görmeden bilir insan

Ve gözlerin dilini
Ve dokunuşunu ellerin
Ve yalnızlığın suskunluğunu
Ve öldüreceğini çabuk biten geceyi
Adamla kadın gitti
Yapayalnız kaldı Rhein
Ve kadın çekip kapıyı ardından
Sokakta bıraktı adamı

Verrückter Rhein

Gestern Nacht hat der Rhein eine Frau geseh n,
Gestern Nacht einen einsamen Mann.
Minus fünf Grad war es,
wahnsinnig der Mann, die Frau verrückt,
Gestern Nacht, vor der Morgendämmerung.
- Ich hab`viel Glück, sagte der Mann
Das Wetter kalt, Glut in seinem Körper
das Wetter kalt, Vulkane brechen aus
er wird einen Mord begehen, sicherlich
die zum Ende eilende Nacht
wird er ohne Furcht töten.
Von Göttinnen stammt der Name der Frau
Göttinnen beherschen die Welt
und die Frau guckte dem Mann in die Augen,
sagte;
" Noch niemand hat mir,
-... bist sehr schön - gesagt"
das ist ungerecht - rief der Mann,
Schön sind die Göttinnen,
die Männer blind vielleicht,
vielleicht
....keinen Vulkan in deren Herzen
und vielleicht
vereisen in deren Mund, die Wörter
oder, sie haben deine Augen nicht gesehen
Die Frau lächelte,
" ein wahrer Verrückter bist du", sagte sie
" verrückt wie der Rhein,

wie denn hast du meine Augen gesehen, in dieser
Dunkelheit ?"
Vieles weiß der Mensch, ohne es zu sehen
und die Sprache der Augen
und das Berühren der Hände
und die Stille der Einsamkeit
und, daß er töten wird, die zum Ende eilende Nacht.
Der Mann, die Frau gegangen,
einsam blieb der Rhein
und die Frau zog die Tür zu
ließ den Mann auf der Straße allein.

1

Çayırlara inekler
Otlamaya gelmişler
Hava serin, ot yeşil
Gel sevdalım gel
Ah bir de
Ah, ah bir de
O boğalar olmasa...

2

Bir başka ediyor insanı
Güneşli havalarda yel
Serilmişsin üzerine otların
Tek sen değilsin elbet
Başkaları da var, uzakta
Güneş yakar, yel soğutur derini
Ya yüreğin, ya o deli hergele
Oradaki alevlerden ne haber?

3

Karşıda televizyon kulesi
Altında yeşil çayır
Çayırda insan çıplak
Hava sanki cayır cayır
Öteden bir kız bakar
Getirir rüzgar gözlerini gözüne
Bir damla serin yağmur
Karşıda televizyon kulesi
Elbet vardır bir hayır.

4

Bir söylesem gülerler
Uzakta ötüyordu kuş
Kimliği meçhul
Sonra çanlar çalındı
Katolik, protestan
Birden göründü güneş
Oysa zaman akşamdı
Tarlada açtı çiçek
Türküyle uçtu böcek
Meyve sallandı dalda
Ne rüyaydı ne gerçek
O orada, ben burdaydım
Salkım saçak saçları
Susturdu ağaçları
Eliyle bir şey dedi
Sararıp soldum kaldım
İnanın anlamadım.
Sonra çanlar çalındı
Arkasından bir ezan
O ağlayıp giderken
Ben orda aptal kaldım.

1

Auf die Weide Kühe
sind zum Grasen gekommen
Das Wetter kühl, grün das Gras
hierher meine Verliebte, hierher
Ach, wenn es auch
Ach, wenn`s doch auch die
Stiere nicht gäbe

2

So sonderbar wirkt auf Menschen
an sonnigen Tagen der Wind
Du liegst auf der Wiese,
bist nicht allein, natürlich,
auch andere sind da, in der Ferne
Die Sonne verbrennt, der Wind kühlt deine Haut
Und dein Herz, der ungehorsame Jungeselle,
was besagen seine Flammen...?

3

Gegenüber, der Fernsehturm
drunter die grüne Wiese
auf ihr nackte Menschen
das Wetter, es lodert,
etwas weiter schaut sich eine Frau um
der Wind bringt ihre Blicke zu deinen..
ein Tropfen kühler Regen
drüben der Fernsehturm
das müsste doch was bedeuten

Lachen würden sie, wenn ich`s erzähle
von fern schwitscherte der Vogel
unbekannter Identität
dann läuteten die Glocken
katholisch, protestantisch
plötzlich wurde die Sonne sichtbar
es war Abend eigentlich
auf dem Feld blühte die Blume
singend flog ein Käfer

Früchte schmückten einen Ast
weder ein Traum war es, noch Realität
sie war dort, ich hier
über ihren Körper hinunter ihre Haare
haben die Bäume beruhigt
sie machte ein Handzeichen
ich wurde rot, wurde blass, blieb steh`n
ich schwöre, konnte sie nicht versteh`n
dann läuteten die Glocken
danach ein Gebetsruf
während sie weinend fortging
blieb ich dumm steh`n

1

Akşam olmuyor mu akşam
İğneler batıyor etime
Dışarı çıksam
Birini bulsam
İçimi döksem...
Akşam olmuyor mu akşam
Korkular doluşuyor içime
Kim dinler dertlerimi
Ya birini kırarsam...
Akşam olmuyor mu akşam
Tüm küfürler
diziliyor dilime.

2

Bütün gemileri yaktım
Açılırken limandan
Alevler içindeydi deniz
Bütün limanları da yaktım
ben ne aptalım
Şimdi kol gücüyle amansız
Bütün limanları yaktım
Ve bütün gemileri
Bitirdim bir kısmını yaşamın
Attım kendimi pencerelerden
Ve hala dışarı bakıyorum
Öldün dedim içimden
O huysuz sessizliğe
Seni ben öldürdüm
Yeniden başlamak için
Yeniden bir şeylere
ve başkasıydı mutlaka
kendini camdan atan
Bütün limanları yaktım
ve bütün gemileri
Düşen adamın çığlığının ardından
Kapattım pencereyi.

1

Wird es Abend
Nädel stechen meine Haut
sollte ich rausgehen
jemanden finden
mich rausreden.
Wird es Abend
Angst erfüllt meinen Körper
wer hört mir zu,
ob ich jemanden beleidige!
Wird es Abend
alles Schimpfbare
in meinem Munde

2

.. habe alle Segel verbrannt
während der Abfahrt vom Hafen
im Flammen war das Meer
auch alle Häfen habe ich verbrannt,
wie dumm ich bin!
nun, mit der Kraft der Arme, rücksichtslos
habe alle Häfen verbrannt
und alle Segel
Einen Abschnitt meines Lebens beendet
rausgeworfen hab' ich mich aus den Fenstern
und gucke immer noch hinaus
.. bist gestorben, habe ich mir gesagt
-in deine ungehorsame Stille
dich, habe ich getötet
für einen neuen Anfang
zu etwas Neuem
und es war jemand anders, sicherlich
der sich aus dem Fenster warf
ich habe alle Häfen verbrannt
und alle Schiffe
nach dem Geschrei des Mannes
habe das Fenster geschlossen.

POETİKA / ŞİİR DİZİSİ

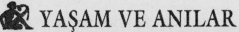

KURAM VE DENEYİM